1X 8|10 4|11

OCT 06 2008

INSECTOS COMUNES

Bobbie Kalman y Rebecca Sjonger

Crabtree Publishing Company

www.crabtreebooks.com

Creado por Bobbie Kalman

Dedicado por Sandra Wilson
Para mi esposo Ken y nuestros nietos
Hayley, Lauren y Rowan, quienes despertaron nuestra capacidad de asombro

Editora en jefe
Bobbie Kalman

Equipo de redacción
Bobbie Kalman
Rebecca Sjonger

Editora de contenido
Kathryn Smithyman

Editora de proyecto
Molly Aloian

Editoras
Robin Johnson
Kristina Lundblad
Kelley MacAulay

Diseño
Margaret Amy Salter

Coordinación de producción
Heather Fitzpatrick

Investigación fotográfica
Crystal Foxton

Consultora
Patricia Loesche, Ph.D., Programa sobre el comportamiento de animales, Departamento de Psicología, University of Washington

Consultor lingüístico
Dr. Carlos García, M.D., Maestro bilingüe de Ciencias, Estudios Sociales y Matemáticas

Ilustraciones
Antoinette "Cookie" DeBiasi: página 9
Katherine Kantor: página 13
Vanessa Parson-Robbs: páginas 22, 23
Margaret Amy Salter: páginas 5, 8, 20, 24

Fotografías
Animals Animals - Earth Scenes: © Colombini Medeiros, Fabio: página 22; © Degginger, E.R.: página 11;
   © Littlehales, Bates: página 15; © OSF/Cooke, J.A.L: página 23; © OSF/Shepherd, Tim: página 19;
   © Thompson, Michael: página 29 (parte superior)
iStockphoto.com: Bjorn Claes: página 6 (parte superior); Preston Lee: página 4; Mervi Lievonen: página 24;
   Chartchai Meesangnin: página 29 (parte inferior); Shane Rebenschied: página 6 (parte inferior)
James Kamstra: página 25 (parte inferior)
Visuals Unlimited: Michael Durham: página 12 (excepto moscas pequeñas); Ken Lucas: página 28
Alex Wild, www.myrmecos.net: página 25 (parte superior)
Otras imágenes de Brand X Pictures, Corel, Creatas, Digital Stock, Digital Vision, Otto Rogge Photography
   y Photodisc

Traducción
Servicios de traducción al español y de composición de textos suministrados por translations.com

Library and Archives Canada Cataloguing in Publication
Kalman, Bobbie, 1947-
    Insectos comunes / Bonnie Kalman & Rebecca Sjonger.
(El mundo de los insectos)
Translation of: Everyday insects.
Includes index.
ISBN-13: 978-0-7787-8501-9 (bound)
ISBN-10: 0-7787-8501-7 (bound)
ISBN-13: 978-0-7787-8517-0 (pbk.)
ISBN-10: 0-7787-8517-3 (pbk.)

    1. Insects--Juvenile literature. I. Sjonger, Rebecca
II. Title. III. Series: Mundo de los insectos

QL467.2.K35518 2006   j595.7   C2006-904540-2

Library of Congress Cataloging-in-Publication Data
Kalman, Bobbie.
    [Everyday insects. Spanish]
Insectos comunes / written by Bobbie Kalman & Rebecca Sjonger.
    p. cm. -- (El mundo de los insectos)
ISBN-13: 978-0-7787-8501-9 (rlb)
ISBN-10: 0-7787-8501-7 (rlb)
ISBN-13: 978-0-7787-8517-0 (pb)
ISBN-10: 0-7787-8517-3 (pb)
1. Insects--Juvenile literature. I. Sjonger, Rebecca. II. Title. III. Series.

QL467.2.K35318 2006
595.7--dc22

2006024914

Crabtree Publishing Company

www.crabtreebooks.com   1-800-387-7650

Publicado en Canadá
Crabtree Publishing
616 Welland Ave.,
St. Catharines, ON
L2M 5V6

Publicado en los Estados Unidos
Crabtree Publishing
PMB16A
350 Fifth Ave., Suite 3308
New York, NY 10118

Publicado en el Reino Unido
Crabtree Publishing
White Cross Mills
High Town, Lancaster
LA1 4XS

Publicado en Australia
Crabtree Publishing
386 Mt. Alexander Rd.
Ascot Vale (Melbourne)
VIC 3032

Contenido

¿Qué son los insectos?

El exoesqueleto de este grillo cubre todo su cuerpo, incluso la cabeza y las patas.

Los insectos son animales llamados **invertebrados** porque no tienen **columna vertebral**. La columna vertebral es un conjunto de huesos que se encuentra en la parte media de la espalda de un animal. En lugar de columna vertebral, los insectos tienen un **exoesqueleto**, que es una cubierta dura y protectora que cubre su cuerpo.

Insectos comunes

Este libro es sobre **insectos comunes**, es decir, que se encuentran en muchos lugares del mundo. Las hormigas, las moscas, los escarabajos y las termitas son sólo algunos de los insectos que la gente conoce o ve a menudo. Pueden encontrarse en bosques, campos, jardines, patios ¡y hasta dentro de las casas!

El cuerpo de los insectos

El cuerpo de los insectos tiene tres partes principales: cabeza, **tórax** y **abdomen**. En la cabeza tienen los ojos, el **aparato bucal** y dos órganos sensoriales llamados **antenas.** Tienen seis patas que están unidas al tórax. Algunos también tienen alas unidas al tórax. El abdomen es la parte trasera del cuerpo de los insectos.

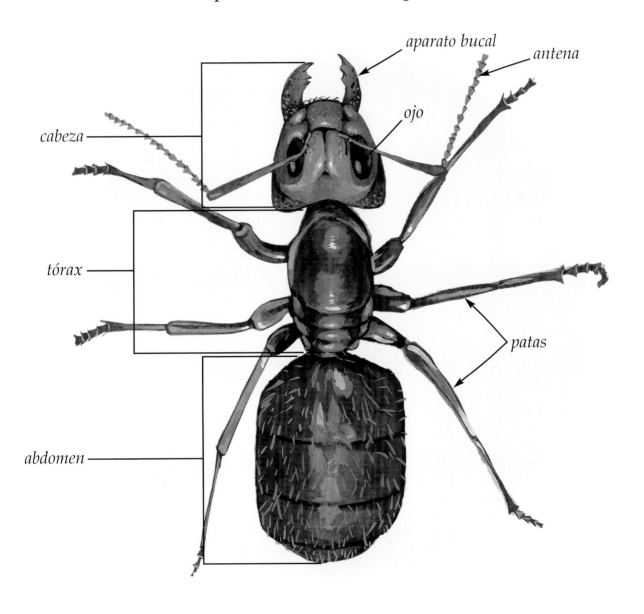

aparato bucal

antena

cabeza

ojo

tórax

patas

abdomen

5

Escarabajos abundantes

Las mariquitas son escarabajos que suelen vivir en los patios o jardines.

Hay más de 350,000 **especies** conocidas o tipos de escarabajos. Las especies parecidas forman parte de un mismo grupo. Las luciérnagas, los escarabajos tigre y los gorgojos pertenecen a tres grupos de escarabajos.

Hogares diversos

Algunos escarabajos, como los de las hojas, viven en los árboles y otras plantas. Otros, como el escarabajo de tierra que se ve a la izquierda, viven debajo de troncos, piedras y hojas muertas. También viven en zonas con hierbas. Los escarabajos acuáticos viven en lagos, ríos, lagunas y otros cuerpos de agua o cerca de ellos.

Los ayudantes de la naturaleza

Muchos insectos comunes, como los escarabajos, ayudan a mantener sano el medio ambiente. Los insectos **carroñeros** comen plantas y animales muertos o a punto de morir. Los escarabajos *Nicrophorus americanus* son carroñeros. Otros, como las mariquitas, son **carnívoros**. Los carnívoros son animales que comen otros animales. Las mariquitas comen insectos que destruyen las plantas, como los áfidos o pulgones. Cuando las mariquitas comen áfidos, los granjeros y jardineros pueden cultivar ciertas plantas sin tener que usar **pesticidas** nocivos.

El escarabajo Nicrophorus americanus usa sus filosas mandíbulas para cortar su alimento. Las mandíbulas parecen pinzas.

7

Mariposa y polillas

Las mariposas y polillas son conocidas por sus enormes y bellas alas. Es posible distinguir si un insecto es polilla o mariposa mirando las alas. La mayoría de las mariposas tienen alas de vivos colores, mientras que la mayoría de las polillas tienen alas de colores apagados. Hay cerca de 17,500 especies de mariposas y unas 160,000 especies de polillas.

Cuando una mariposa se posa en una flor u otra superficie, mantiene las alas rectas, como se ve en la foto.

Delicias dulces

Muchas especies de mariposas y polillas beben **néctar**. El néctar es un líquido dulce que se encuentra en las flores. En un jardín o campo, pueden verse las mariposas volando de flor en flor para beber el néctar.

¿Sabías que...?

La mayoría de las especies de mariposas y polillas están activas en diferentes horas del día. Las mariposas suelen estar activas de día y descansan de noche. Las polillas suelen estar activas después del anochecer y descansan durante el día.

Observa cómo la polilla coloca las alas cuando se posa. Cuando se posa, baja las alas para cubrir su cuerpo.

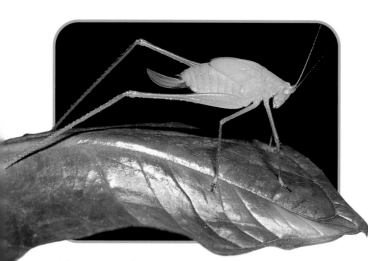

Grillos y saltamontes

Los grillos y saltamontes no usan sus dos pares de patas delanteras para saltar.

¡Los grillos y los saltamontes pueden saltar! Tienen patas traseras fuertes que usan para saltar de un lugar a otro. De esa forma pueden huir rápidamente de los **depredadores** hambrientos. Los depredadores son animales que cazan y comen otros animales. La mayoría de los saltamontes también pueden volar, en cambio los grillos casi nunca vuelan.

Maestros del disfraz

Cuando los grillos y saltamontes permanecen quietos, es difícil verlos. Al igual que la mayoría de los insectos, muchos tienen **camuflaje**. El camuflaje consiste en los colores, las texturas o los diseños del cuerpo del animal que le permiten esconderse en el lugar natural donde vive.

Algunos saltamontes tienen camuflaje, que les ayuda a confundirse con las plantas o el suelo donde viven.

¡Cri-cri!

Los grillos y saltamontes producen chirridos con el cuerpo. Los machos suelen chirriar para atraer a las hembras. Algunos producen el sonido frotando las **venas** de la parte inferior de las alas delanteras. Otros chirrían frotando las venas de las alas delanteras contra las patas traseras.

¿Sabías que…?

El chirrido de algunos grillos machos puede ser muy fuerte. Los grillos topo, como el que se ve arriba, tienen un chirrido muy sonoro. Viven bajo la tierra en túneles. Para atraer a las hembras, los machos chirrían desde el interior de los túneles.

Vuelo veloz

Las moscas domésticas, las moscas de la fruta, los tábanos y los mosquitos son algunos tipos de moscas que se encuentran en casi todas partes. Todas las moscas vuelan muy bien. Las moscas domésticas, como la que se ve más arriba, vuelan bien porque pueden batir las alas a gran velocidad.

El zumbido

¿Alguna vez has oído el zumbido de una mosca cuando pasa por el aire? El sonido proviene de las alas. Se mueven tan rápidamente que el paso del aire por ellas produce un zumbido. Las abejas y las libélulas también zumban cuando vuelan.

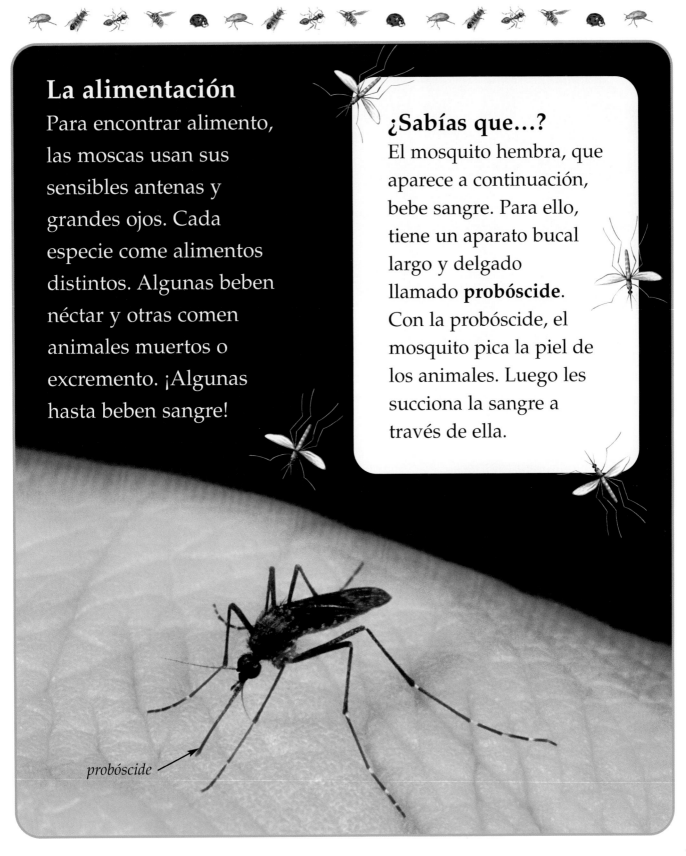

La alimentación

Para encontrar alimento, las moscas usan sus sensibles antenas y grandes ojos. Cada especie come alimentos distintos. Algunas beben néctar y otras comen animales muertos o excremento. ¡Algunas hasta beben sangre!

¿Sabías que...?

El mosquito hembra, que aparece a continuación, bebe sangre. Para ello, tiene un aparato bucal largo y delgado llamado **probóscide**. Con la probóscide, el mosquito pica la piel de los animales. Luego les succiona la sangre a través de ella.

probóscide

Mantis

Las mantis se conocen usualmente como "mantis religiosas". Cuando descansa, la mantis pliega las patas delanteras delante de la cabeza. En esta posición, parece que **estuviera** rezando. En realidad está esperando a su presa, que es el animal por cazar.

Esta mantis espera en el tallo de una flor para atrapar a su presa.

¡Te atrapé!

La mantis permanece muy quieta cuando su presa, como la mosca, está cerca. Cuando se acerca una mosca, la mantis extiende rápidamente sus fuertes patas delanteras. Usa los órganos en forma de gancho del extremo de las patas para atrapar y sujetar la mosca. Después, se la come.

Esta mantis usa los ganchos del extremo de las patas para sujetar la mosca que está comiendo.

Cucarachas

Muchas especies de cucarachas viven en árboles o en túneles subterráneos llamados **madrigueras**. Sin embargo, algunas viven en las casas y departamentos. A ciertas cucarachas, como la cucaracha alemana, les gustan las casas tibias y acogedoras. Estos insectos de cuerpo delgado se escurren por los drenajes o espacios pequeños, como debajo de los pisos de madera.

Durante el día, las cucarachas descansan en sus escondites. De noche, salen y buscan alimento. Las cucarachas comen cualquier cosa, desde alimentos humanos hasta zapatos de cuero y libros.

Libélulas

Las libélulas parecen moscas grandes, pero no lo son. No obstante, al igual que las moscas, vuelan hábilmente. Tienen dos pares de largas alas que usan para volar rápidamente de un lugar a otro. ¡Hasta para las aves es difícil atrapar libélulas!

Supervista

Las libélulas tienen buena vista. Como casi todos los insectos, tienen dos **ojos compuestos**, formados por muchas partes diminutas llamadas **facetas**. Los ojos de la libélula son tan grandes que cubren casi toda la cabeza. Al tener ojos grandes y redondos, puede ver todo lo que hay a su alrededor.

Los ojos compuestos de la libélula son tan grandes que casi se tocan.

Carnívoros

Al igual que muchos otros insectos, como las mantis y algunos escarabajos, las libélulas son carnívoras. Tienen un aparato bucal fuerte y filoso que sirve para morder a su presa, como la mosca doméstica o incluso otras libélulas.

¿Sabías que...?

caballito del diablo

Las libélulas están muy emparentadas con los caballitos del diablo. Estos insectos tienen un aspecto similar. El cuerpo de los caballitos del diablo suele ser más **frágil** que el de las libélulas. Tampoco vuelan tan bien.

La libélula usa su buena vista y excelentes destrezas de vuelo para atrapar a su presa. La detectan en el aire y bajan en picada para atrapar al insecto. La libélula come mientras vuela.

Tijerillas

La mayoría de las especies de tijerillas son **nocturnas**. Estos insectos duermen de día y están activos de noche. Durante el día descansan debajo de piedras o de hojas caídas. Cuando oscurece, salen de su escondite a buscar alimento.

Encontrar alimento

Muchas tijerillas son **omnívoras**. Los omnívoros son animales que comen tanto plantas como otros animales. Algunas comen partes de plantas, como las flores. También comen insectos pequeños, como los áfidos. Otras tijerillas son carroñeras.

pinzas

*Las tijerillas tienen dos filosas **pinzas** que usan para defenderse de otros animales.*

Las tijerillas hembra

Cuando una hembra pone huevos, los protege hasta que las crías nacen. También alimenta y protege a las tijerillas jóvenes. Sin embargo, cuando comienzan a crecer, deben separarse de la madre. De lo contrario, ella podría atacar e incluso comer a sus propias crías.

¿Sabías que…?

Las tijerillas llevan este nombre debido a la forma de las pinzas que tienen en el abdomen. Parecen tijeras y las usan para defenderse de otros animales.

Una hembra pone hasta 50 huevos por vez. Busca un lugar seguro para poner los huevos. Puede ser un lugar oculto debajo de un tronco o bajo tierra.

19

Los hemípteros son insectos

Los hemípteros forman un grupo de insectos que comprenden cerca de 67,500 especies. Todos los hemípteros tienen una parte llamada **rostrum**, que es un tubo largo y estrecho unido a la cabeza. El hemíptero lo usa como pajilla para succionar líquidos, como el néctar.

Comida de hemípteros

Aunque muchos hemípteros comen plantas, algunos son depredadores que cazan. Usan el rostrum para succionar el líquido del cuerpo de su presa.

rostrum

Un hemíptero con hambre clava el filoso rostrum en el cuerpo de la presa. Después le inyecta saliva, que inmoviliza al insecto y chupa los órganos internos de la presa.

¡Hemípteros apestosos!

La mayoría de los hemípteros tienen partes especiales del cuerpo que producen líquidos malolientes. Cuando un depredador ataca a uno de estos insectos, éste produce un olor tan horrible que el atacante se aleja. Es probable que el depredador evite ese tipo de insecto la próxima vez que tenga hambre.

¿Sabías que...?

Aunque una gran cantidad de familias de hemípteros se conocen con el nombre común de "chinches", no todos los hemípteros son chinches. Por ejemplo, los pulgones y las cigarras son hemípteros, pero no son chinches.

Pulgas y piojos

Las pulgas son **parásitos**, es decir, animales que viven en la piel o el cuerpo de otros animales, llamados **huéspedes**. Las pulgas viven en el pelo, las plumas o el pelaje de huéspedes tales como perros, gallinas y seres humanos.

¡Hora de comer!

Las pulgas usan filosos **estiletes** para alimentarse de la sangre de sus huéspedes. Los estiletes son órganos bucales que pueden cortar la carne de un animal. La pulga los usa para picar a su huésped y succionar la sangre. Las picaduras pueden causar comezón o dolor.

Las pulgas saltan para pasar de un huésped a otro. Esta pulga ha saltado a la piel de una persona.

Piojos parásitos

Algunos piojos también son parásitos. Cerca de 5,500 especies de piojos pertenecen a un grupo llamado **piojos parásitos**. Estos piojos viven en animales huéspedes y se alimentan de ellos. Además de sangre, estos piojos comen pelo, escamas de piel y los cuerpos muertos de otros piojos. Los piojos de la cabeza son una especie común de piojos parásitos. Como el nombre lo indica, viven en la cabeza de las personas.

¿Sabías que…?

Los piojos adultos usan unas uñas diminutas en forma de gancho para aferrarse a los cabellos humanos. También ponen **liendres** o huevos pegajosos en el cabello. Es difícil quitar los huevos. Hay que usar champú y peine especiales para quitar los piojos y los huevos del cabello.

Los piojos parásitos no saltan ni vuelan. Caminan lentamente de un huésped a otro.

Hormigas trabajadoras

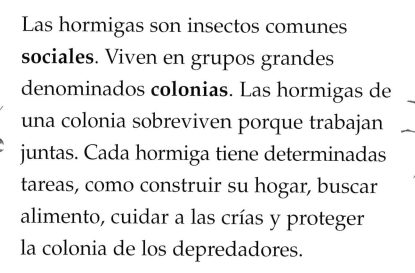

Las hormigas son insectos comunes **sociales**. Viven en grupos grandes denominados **colonias**. Las hormigas de una colonia sobreviven porque trabajan juntas. Cada hormiga tiene determinadas tareas, como construir su hogar, buscar alimento, cuidar a las crías y proteger la colonia de los depredadores.

Papeles importantes

La mayoría de las hormigas de una colonia son **obreras**. Ellas hacen todas las tareas diarias de la colonia. Algunas obreras también son **soldados** y defienden la colonia de los depredadores. La mayoría de las colonias de hormigas también tienen una hembra, que es la reina. La reina es la única hormiga que pone huevos.

Las hormigas reinas son mucho más grandes que las obreras.

Nidos de hormigas

El hogar de una colonia de hormigas se llama **nido**. Muchas especies construyen nidos en el suelo. Para ello, las obreras cavan túneles que albergan a todas las hormigas de la colonia. Algunas especies usan hojas o madera en descomposición para construir el nido.

Los nidos de las hormigas carpinteras suelen encontrarse en madera en descomposición o cerca de ésta.

Abejas y avispas

Muchas especies de abejas y avispas tienen rayas amarillas y blancas en el cuerpo. Sirven para advertirles a los depredadores que pueden picar para protegerse.

Las abejas y las avispas son insectos que pican. Estos insectos tienen **aguijones** similares a agujas en el extremo del abdomen que usan para inyectar **veneno**.

Sociales y solitarias

Algunas especies de abejas y avispas son insectos sociales. Las abejas melíferas y los abejorros son abejas sociales. Las avispas amarillas y los avispones son avispas sociales. Las colonias de estas avispas y abejas viven en nidos llamados **colmenas**. Otras especies de abejas y avispas son **insectos solitarios**, es decir, viven solas en nidos.

Herbívoros y omnívoros

Las abejas son **herbívoras**, es decir, se alimentan sólo de plantas. Al igual que muchos otros insectos, beben grandes cantidades de néctar. Algunas también comen **polen**. Las avispas son omnívoras. Además de néctar, las avispas amarillas y otras comen frutas. Algunas, como las de la familia *Ichneumonidae*, también se alimentan de otros insectos.

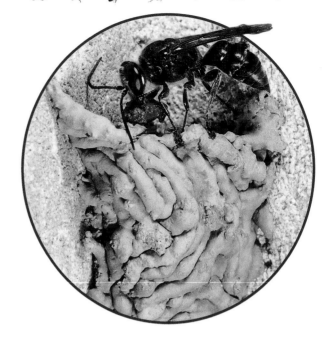

Esta avispa ha atrapado un insecto para comer y lo ha llevado a su nido.

Este abejorro usa la probóscide para beber el néctar de una flor. Su cuerpo está cubierto de polen de la flor.

Termitas

Las termitas son insectos sociales que viven en colonias grandes. Puede haber millones de termitas en una sola colonia. Las colonias suelen vivir en la madera o cerca de ella, como en árboles y **tablas**. Muchas especies de termitas mastican y comen madera. De esta manera hacen túneles y **cámaras** o habitaciones. La colonia de termitas vive en los túneles y cámaras.

Proteger la colonia

Las colonias de termitas tienen obreras y soldados. Los soldados son insectos temibles. Protegen la colonia de depredadores como las hormigas. Los soldados tienen cuerpo largo y mandíbulas que usan para defenderse.

Las termitas soldados a menudo deben defender la colonia de las hormigas.

¿Sabías que…?

Cada colonia de termitas sólo tiene una hembra y un macho que se pueden **aparear** o unirse para tener crías. Son la reina y el rey de la colonia.

Una termita reina puede producir entre 2,000 y 3,000 huevos por día.

¿Cuál es cuál?

Muchos de los insectos comunes de este libro tienen partes del cuerpo que les sirven para moverse, comer y defenderse. Relaciona los insectos de esta página con las partes del cuerpo de la página 31. Si necesitas ayuda, vuelve a leer el libro para encontrar las respuestas.

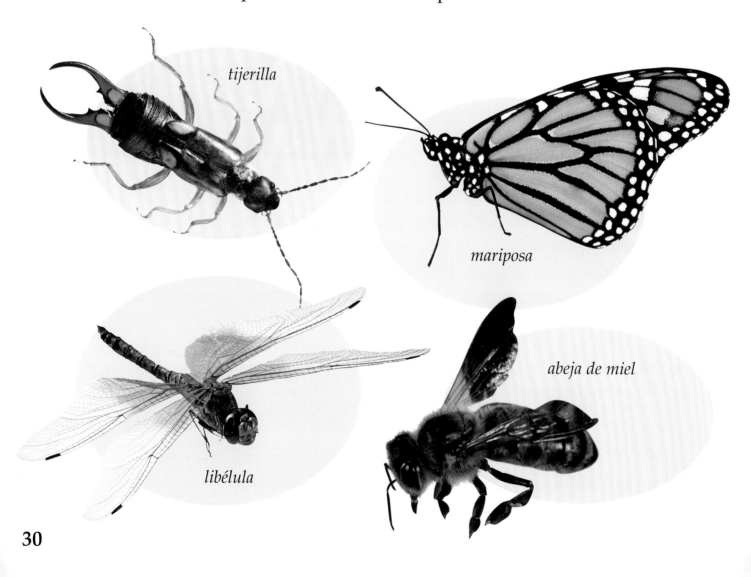

tijerilla

mariposa

libélula

abeja de miel

Este insecto usa la probóscide
para beber un líquido dulce.

Este insecto usa las alas para
volar alto en el cielo.

Este insecto usa los ojos compuestos
para ver todo lo que hay a su alrededor.

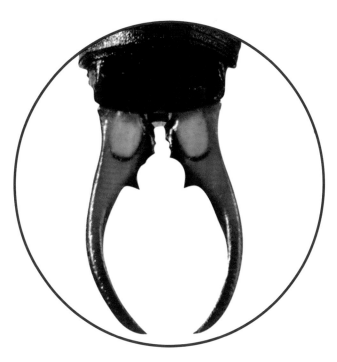

¡No tengas miedo! Este insecto no
te pellizcará con las pinzas.

31

Glosario

Nota: Es posible que las palabras en negrita que están definidas en el texto no figuren en el glosario.

colonia Grupo de animales del mismo tipo que viven juntos

frágil Palabra que describe algo débil o delicado, que se puede romper o dañar con facilidad

pesticida Producto químico que se usa para matar insectos

polen Polvo amarillo que se encuentra en las flores

probóscide Órgano bucal largo, delgado y con forma de tubo que poseen ciertos insectos, como los mosquitos y las abejas, y que usan para beber

tabla Madera cortada

vena Parte dura del cuerpo que sostiene las alas de un insecto

Índice

Impreso en Canadá